ALFRED MEILHEURAT

SA VIE, SES ŒUVRES.

ALFRED MEILHEURAT

SA VIE, SES ŒUVRES

Par Francis PÉROT,

Membre de la Société d'Émulation de l'Allier,
de la Société française de Numismatique et d'Archéologie
et de plusieurs Sociétés savantes.

MOULINS,

IMPRIMERIE DE CH. DESROSIERS.

MDCCCLXXIX.

I.

Alfred Meilheurat naquit à Yzeure en 1821, et non en 1824, comme l'ont dit plusieurs biographes. Il appartenait à une famille honorable qui s'est distinguée dans la magistrature et le barreau; il était le parent du dernier magistrat de ce nom, député de notre département, poëte, directeur des affaires criminelles et des grâces sous le ministère Guizot.

Meilheurat commença ses études à Moulins, il les compléta à Nevers sans succès apparent, et les acheva à Paris ; il ne les avait pas terminées, que déjà, il glissait aux journaux littéraires de la capitale ses premiers essais. Le *Corsaire*, dont il devint plus tard le rédacteur en chef, et la *Gazette de France*, donnaient souvent de ses articles fort appréciés. Le monde parisien l'avait acclamé aux premiers échos de sa muse. Il se lança sans hésitation avec les publicistes de son temps. A ce moment il pouvait faire de la littérature et de la poésie ses délassements ; sa position de fortune lui permettait de s'y abandonner entièrement ; il ne songea nullement à embrasser une autre carrière. M. de Villemessant, le baron de Nugent, Madame Anaïs de Ségalas, dont il devint le parent par son mariage, Edouard Thierry, étaient ses plus grands amis. Il fréquentait les journalistes de mérite de Paris ; les salons du monde littéraire lui étaient ouverts ; sa jeunesse, sa verve, sa timidité même le faisaient rechercher. Ce fut pour son malheur, car malgré ses travaux, ses publications, sa fortune se dissipait. Il ne tarda pas à éprouver ce qu'ont vu tant d'autres poëtes, que l'ingrat métier de journaliste et de littérateur est bien dur pour l'écrivain sans fortune ; il vit se dissiper bien des illusions, il s'en repentit mais trop tard. Il quitta Paris au milieu duquel il ne pouvait plus vivre, et revint à Moulins, extenué de fatigue. Déjà, le spectre de la misère lui était apparu. Son retour fut des plus pénibles. La popularité qu'il avait acquise à Paris avait eu du retentissement jusqu'à Moulins. On lui fit un reproche de son esprit, on le méconnut. Ajoutons qu'ayant perdu sa fortune, la plupart de ses amis lui firent un froid accueil ; il garda sa rancune jusqu'au jour où il publia sa *Physiologie du Moulinois*, ouvrage satirique dont nous regretterons toujours la publication (1). Cette œuvre devint pour lui et pour sa famille le sujet d'un amer regret; il n'était plus temps, les pages si audacieusement tracées étaient imprimées, et dans son emportement, le poëte n'a même pas ménagé ceux que le respect aurait dû lui faire épargner.

Durant son séjour à Paris, Meilheurat avait signé une partie de ses œuvres : de Meilheurat ; ses relations intimes avec les hauts personnages de l'aristocratie, sa collaboration dans les journaux qui se faisaient l'écho de leurs opinions, avaient éveillé en lui le sentiment de la vanité. Il avait cru trouver l'origine de sa famille dans celle du Pape Innocent VII, Côme de Meilhiorati, venu à Lyon pour y présider un concile en

(1) A Moulins, chez Martial Place, éditeur, 1843. 1 vol. in-12, de 106 pages. Vignettes de Moretti.

1405. Il n'y avait là qu'une simple coïncidence dans l'orthographe du nom. Meilhiorati, dérive du latin : *Meglior*, le meilleur. Dans les dialectes du midi, nous retrouvons Meilhor, Meilheurat, et l'origine de cette famille se retrouverait plutôt en Languedoc, en Provence, qu'en Italie. Depuis, le poëte retrancha la particule qu'il s'était attribuée, sans cependant renoncer à ses recherches généalogiques.

A peine avait-il fondé son journal à Moulins, le *Courrier de la Province*, que déjà ses amis de la capitale se récrièrent. Thierry, entre autres, lui écrivait que son style devenait provincial (1). Il l'engageait à revenir à Paris. Meilheurat qui venait d'épouser mademoiselle Maurion-Lamothe était peu disposé à y retourner. Mais des cir-

(1) Revue littéraire du *Moniteur universel* du 2 octobre 1855.

constances lui firent quitter Moulins ; il prit à Bourges la direction du *Journal du Cher* (1), puis cédant aux sollicitations de ses amis, et au désir de refaire sa fortune, il retourna à Paris. Il travailla de toute son ardeur aux journaux, aux revues ; publiant en outre plusieurs ouvrages importants. Le malheur semblait le poursuivre, il se laissa aller au découragement. Des crises nerveuses irritaient son tempérament déjà affaibli, pendant qu'une maladie au cœur devait bientôt l'emporter. Il succomba le 8 février 1855. Mourir à trente-cinq ans, après avoir lutté contre le malheur et l'adversité, est une mort qui lui valait les palmes du martyr ; elles formeront avec sa couronne de poëte, un trophée glorieux, qui restera toujours attaché à son nom, à sa mémoire.

(1) Il venait d'abandonner la direction du *Journal de Troyes*.

Les œuvres de notre compatriote sont aussi nombreuses qu'importantes; elles se divisent en trois parties : la prose, la poësie et ses ouvrages restés manuscrits ; ces derniers seront peut-être un jour publiés. Nous souhaitons que le fils du poëte rassemble ces pages éloquentes, et notre littérature s'enrichira de nouvelles beautés.

Meilheurat travailla activement au journal *la Mode*, feuille fort répandue sous Louis-Philippe. Plus sérieux, *le Corsaire* (1) imprimait ses articles. Le beau journal *le Henri-Quatre* était fier de reproduire ses travaux. La *Chronique de France* lui ouvrait ses colonnes ; la *Saison de Vichy* fourmille de ses anecdotes, de ses spiritualités et de ses nouvelles, tandis que *le Rivarol* (2), dont il était le fondateur, désignait à l'opinion publique ceux que sa muse voulait atteindre.

En 1844, il lançait les *Flèches parisiennes* (3)

(1) Dont il devint plus tard le rédacteur en chef.

(2) *Le Rivarol*, journal des folies du siècle, mensuel. Paris, chez Carré, puis à Bourges. 8 fr. par an pour Paris, 10 fr. pour la province. 16 pag. in-8°.

(3) Ouvrage mensuel, in-8° de 64 pages, Paris, chez Mme Lallemant-Lépine, 25, rue Richelieu. Prix : 0.75 centimes.

contre le gouvernement, les hommes d'Etat, les choses du jour ; rien de plus spirituel que cette publication, aussi railleuse que les *Guêpes* d'Alphonse Karr. Nous remarquons, dans celles de juin 1844, des plaintes contre la presse et le public, restés indifférents sur la publication du *Recueil de Fables* de M. Beraud, notre compatriote.

Les éditions du *Manuel du savoir-vivre* (1) se renouvellent rapidement, l'éditeur en acheta la propriété pour une obole. Cet ouvrage n'a point le vulgaire de ses analogues, c'est au contraire une suite de saillies spirituelles, s'accordant parfaitement avec la morale irréprochable et les sages conseils qu'il donne à ses lecteurs.

(1) *Manuel du savoir-vivre*, A. de Meilheurat, Paris, Desloges, in-32 de 128 pages ; prix : 1 fr. La neuvième édition paraissait en 1876, chez Renaud, éditeur, 10, quai du Louvre, à Paris.

La *Biographie des hommes de la Révolution* n'a pas eu le même succès ; le sujet politique en fut la cause. L'auteur ne fit paraitre que les portraits de Robespierre, et de Camille-Desmoulins. Notre poëte n'aurait pas dû faire de la biographie ; son crayon traçait des lignes trop accentuées, et son coloris était trop vif. La première livraison seulement parut, d'autres étaient annoncées.

L'*Almanach des Amoureux* fut épuisé dès son apparition, malgré deux éditions qui en furent faites.

En 1854, il publia, pour l'enfance, un *Recueil de prières* aussi simples qu'élevées. C'est l'encens qui monte vers le ciel.

La même année Meilheurat fondait, à Moulins, le *Courrier de la Province* (1),

(1) Le *Courrier de la Province*, journal scientifique, artistique et littéraire, in-8° de 16 pages, mensuel ; à Moulins, chez Enaut, prix : 12 fr. Au bureau de la rédaction, rue Sainte-Ursule

œuvre de décentralisation par excellence, dont le dernier numéro parut deux mois avant sa mort. A cette publication, collaborèrent, M. et Mme de Lesguillon, Mme Anaïs de Ségalas, le comte de Nugent. L'avant-dernier numéro avait changé son titre pour celui de *la France scientifique, religieuse et littéraire*, et s'imprima à Bourges. Le dernier numéro fut édité à Paris.

Vers la fin de 1854, il publia *Romances et fantaisies* (1). Entre autres pages, citons : Le plus joli des Mondes; le Crime d'une Sensitive, délicieuse poésie l'une des plus belles inspirations de l'auteur; la Loterie de Momus, etc.

Les Femmes du demi-monde (2), éditées

(1) Paris, Desloges, et aux Batignolles chez l'auteur. In-8°, prix : 5 fr.; la livraison, 20 centimes.

(2) A Bourges, chez Pigellet, in-8° de 96 pages. A la fin : Nouvelles, mélanges, mots, quatrains, pensées et nouvelles à la main.

en 1855, dénotent chez notre compatriote une force d'observation extraordinaire; il y dévoile de ces mystères intimes d'une incroyable réalité, et cependant ses tableaux ne sont pas forcés. Parfois, ce livre, ainsi que ses derniers ouvrages, sont remplis de tristesse, et révèlent la fin prochaine de leur auteur. Ses dernières pages portent l'empreinte de ses mains encore attachées à la vie. Il ne demande pas à la mort de l'épargner. Sa muse est tremblante, pendant que sa main fébrile trace encore des pages palpitantes d'espoir et de bonheur. Quelques poésies à l'adresse des Michelet, des libres-penseurs, des révolutionnaires sont des plus violentes, et le justifient contre le reproche d'irréligion et dé libéralisme exagéré que plusieurs de ses compatriotes lui adressaient à tort. Meilheurat était catholique comme le prouvent tous ses écrits, et en politique, la légitimité avait toutes ses affections.

Le simple Recueil (1) a été épuisé dès son apparition. Les odes, les élégies, les fables, s'y disputent l'églantine d'or.

Dans ses *Poésies religieuses* (2), la sublimité, la douceur, y sont portées au plus haut degré. Dans chaque page, ses vers, semblables à une moisson de fleurs fraîchement écloses, exaltent le nom de Dieu.

Nous n'avons pu retrouver le volume intitulé : *Lève-toi Juvénal !* (3), mais nous avons trouvé une partie du manuscrit ; c'est un commentaire poétique et des éclaircissements sur les fameuses satires du célèbre Poëte latin.

(1) Poésies lyriques, fables, élégies, épîtres. — 1 vol. in-8°, Moulins, chez Martial Place ; à Paris, Chamerot, avec fac-simile d'une lettre de Béranger à l'auteur.

(2) Paris, chez Alfred Bouchard, éditeur, in-8° de 16 pages.

(3) Paris, chez Siron, éditeur, 1 vol. in-8°.

Petites Odes et petits Poëmes (1), édités en 1852, sont de charmantes poésies. Il traite tous les sujets. Chante-t-il la campagne, la moisson, les vendanges, il est aussi grand poëte que dans les *Nymphes d'Orphée*, aussi puissant que dans l'*Ombre d'Agrippine*, aussi pathétique que dans *Prométhée* (2). Parfois, sous le nom d'Iseult, il adresse à sa fiancée de tendres poésies, douces pastorales aux enivrantes émotions.

Dans les *Keepsakes*, édités à Moulins, nous trouvons plusieurs belles pages de notre compatriote : la *Fiancée du Toréador*; l'*Arc-en-Ciel*, remarquable sonnet; et le plus suave poëme, *La Foi*, où l'éloquence, la noblesse du cœur et des sentiments sont confondus.

(1) Paris, chez Desloges, éditeur, 1 vol. in-8° de 32 pages.

(2) Trois importants ouvrages restés manuscrits.

. . . .

. . . .

« O céleste vertu, ta puissance infinie,
» Triomphe du malheur dompte les éléments ;
» Et l'homme ingrat te doit, compagne du génie,
» Ses plus beaux monuments. »

. . . .

. . . .

Lors de l'inauguration du gaz à Moulins, Meilheurat fit paraître de nombreuses strophes (1). Il composa une *Cantate* (2) à l'occasion du passage de l'Impératrice Eugénie à Bourges, alors qu'il était rédacteur en chef du *Journal du Cher*.

Parmi ses travaux restés manuscrits, que de choses n'aurions-nous pas à citer ? *L'Ombre d'Agrippine*, grand et magnifique poëme dont voici le début :

(1) Moulins, impr. Martial Place, 7 pages in-8°.

(2) Paris, chez Bouquin, 2 pages gr. in-4°.

« Je te lègue en mourant mes implacables haines,
» Trop fidèle à mon sang, qui coule dans tes veines.
» Monstre que j'enfantais, ton sein gonflé d'horreurs,
» Est le digne héritier de toutes mes fureurs
» Malheur à qui vivra sous ta chaîne sanglante.
» Sous tes pieds souverains, je vois Rome expirante.
» J'entends le cri d'effroi de ses fils égorgés,
» Les malédictions de ses dieux outragés. »

. . . .
. . . .

Son théâtre se composait d'assez nombreuses pièces, dont nous citons les titres suivants : *Néron et Agrippine*, tragédie en cinq actes, d'une composition hardie. *Le Philanthrope*, remarquable comédie. *Un drame en deux actes. Le Corsaire. Conrad*, autre drame en quatre actes. *Un drame dans une fête.* Malheureusement, nous n'avons pu savoir si ces pièces avaient été représentées; une seule à notre connaissance a été acceptée par le comité de lecture du

Théâtre-Français : *L'École des Familles*, comédie en trois actes.

Sous le titre de *Prométhée délivrée*, scène patriotique, notre poëte, avec son ardeur ordinaire, aborde un sujet des plus élevés. Il parle en faveur des grandes libertés. Il déplore les révolutions, et son caractère paisible s'irrite de l'instabilité des gouvernements.

Dans son poëme : *Contre le Suicide*, il s'écrie en arrêtant la main coupable de celui qui appelle la mort à son secours :

» Il en est des meilleurs qui souffrent plus encore,
» Ils vivent cependant,.. bien que leur cœur ignore
» Quand finira pour eux la rigueur du destin,
» Et qui servent d'asile au spectre de la faim.
» Ils vivent, et pourquoi, parceque l'Espérance
» Les berce et les séduit par sa douce éloquence. »

. . . .

. . . .

Adressant une Satire à Eug. Sue, il le plaint; il accuse ses œuvres d'être autant de blasphèmes contre Dieu et l'humanité.

« Trop de fange ternit les monstrueuses pages
» Des longs in-octavo de tes hideux ouvrages,
» Et si de tes chefs-d'œuvre on en couvre le nom,
» Le bagne et la cité seront leur Panthéon. »

. . . .

. . . .

Meilheurat consacra cent deux strophes à un poëme auquel il donna le titre : *Pourquoi je fais des satires.* A la suite nous trouvons d'autres poésies, dont nous ne ferons qu'indiquer les titres :

Les Députés du centre, ou l'Honneur. — Aux Anglais, haine pour toujours. — A. Dupin. — L'homme. — Aux amis de Guizot. — La bonne et la mauvaise Religion. — A ma Muse. — A Soult, l'Avarice incarnée. — A V. Cousin, Éloge philosophique. — A

Guizot, honte politique. — A Laffitte. — Je cherche un Sage. — Les Élections. — A Jeanne d'Arc. — A la duchesse de Montpensier, Ode. — Le premier Poëme. — Le Chêne des louis (1). — *Un Palais de fiel. — Roman dans un bateau. — Le premier Bouquet. — Une Loge en province. — L'Anier du Bourbonnais. — La Pervenche d'Iseult. — Les Sansonnets.*

Il n'est plus, le poëte aux grandes aspirations, son souvenir est rarement évoqué; il est le plus oublié là où justement il devrait être le mieux connu, dans son pays, au milieu de ses compatriotes. Noble cœur, tu

(1) Nous regrettons de n'avoir pu retrouver cette légende. Le chêne des louis existe toujours sur la route de Bourgogne, à 6 kil. de notre ville, au lieu dit « Prends-y-Garde ». Cette légende a peut-être subi le même sort qu'une grande quantité de manuscrits, qui ont disparu après la mort de Meilheurat.

ne t'es jamais fait le courtisan de la flatterie. Dans le malheur, dans tes heures d'accablement, tu ne t'es point révolté ni contre ton Dieu, ni contre l'humanité ; ta douceur, ta patience étaient plus fortes que tes souffrances. C'est dans la rigueur du destin que tu puisais tes plus belles pensées. Plus le malheur te frappait, plus ton œuvre était belle ; et ta vie de douleurs semble avoir empreint de ses amertumes tes nombreuses productions ; car chacune de tes pensées révèle ton idéal, et chacun de tes poëmes rappelle un jour de ta vie. Puissent ces quelques pages, faire revivre le souvenir d'un poëte malheureux, d'un homme de bien, d'un ami.

Moulins. — Imp. E. Desrosiers.

www.ingramcontent.com/pod-product-compliance
Ingram Content Group UK Ltd.
Pitfield, Milton Keynes, MK11 3LW, UK
UKHW022209190726
13855UKWH00004B/1683

9 782013 067690